Pour la Bibliothèque Nationale,

G. Lacour-Gayet.

G. Lacour-Gayet

Un prédécesseur de Pie XI

Le Pape Pie VII à Paris

—o—

(Extrait de la Revue des Jeunes,
numéro du 25 février 1922.)

———

Un prédécesseur de Pie XI

LE PAPE PIE VII A PARIS

L'élection du cardinal Ratti à la papauté, le nom de Pie XI adopté par le nouveau chef de la chrétienté ramènent l'attention sur les successeurs de saint Pierre qui ont porté ce nom, remontant aux premiers âges du christianisme et véritablement fait pour le vicaire de Jésus-Christ. L'un d'eux, Pie VII (Barnabé Chiaramonti), le pape du Concordat, du sacre de Napoléon, de la captivité de Fontainebleau, a vu son souvenir rappelé à propos du centenaire de la mort du prisonnier de Sainte-Hélène. Les lecteurs de la Revue des Jeunes n'ont peut-être pas oublié un article sur « Napoléon et Pie VII. » Ils nous permettront d'y ajouter quelques lignes pour raconter le séjour de Pie VII à Paris pendant l'hiver de 1804-1805. Dans le champ immense du centenaire de Napoléon, où tant d'historiens ont déjà fait d'abondantes moissons, il restera toujours des épis à glaner.

***

Quand Pie VII, après des hésitations qui ne sont que trop faciles à comprendre, se fut décidé à se conformer aux désirs de l'Empereur, il fit officiellement connaître aux membres du Sacré Collège, dans le consistoire secret du 29 octobre 1804, le voyage qu'il allait entreprendre.

« Ce puissant prince qui a si bien mérité de la religion catholique, notre très cher fils en Jésus-Christ, Napoléon, Empereur des Français, nous a fait connaître qu'il désirait vivement recevoir de nous l'onction sainte et la couronne impériale, afin que la religion, imprimant à cette cérémonie solennelle le caractère le plus sacré, en fît la source des plus abondantes bénédictions.

« Ainsi, Vénérables Frères, vous voyez combien sont justes et puissantes les raisons que nous avons d'entreprendre ce voyage. Nous y sommes déterminés par des vues d'utilité pour notre sainte religion, et par des sentiments particuliers de reconnaissance pour le très puissant Empereur qui, après avoir employé toute son autorité pour rétablir la profession libre et publique de la religion catholique en France, nous témoigne, dans ces circonstances, un si grand désir de favoriser ses progrès et sa gloire. »

Pie VII avait quitté Rome le 2 novembre; il était accompagné des cardinaux Antonelli, di Pietro, Caselli, Braschi, Bayanne, Doria; celui-ci devait mourir à Lyon, après une courte maladie, le 23 novembre. A la sortie de Rome, la Pape rencontra le cardinal Maury. Le cardinal le pria d'aller un jour, sans prévenir personne, dire la messe dans l'église des Carmes à Paris. La messe du Saint-Père dans l'église où t-- de prêtres avaient péri lors des massacres de septembre, produirait le plus grand effet sur l'esprit des catholiques. L'idée ne devait point être suivie.

Pendant son arrêt à Florence, le Saint-Père donna la confirmation au prince royal, Charles-Louis, un enfant de cinq ans, dont la mère, Marie-Louise, des Bourbons d'Espagne, était alors reine d'Etrurie. Le cortège pontifical arriva à Turin le 12 novembre; il y fut rejoint par le cardinal Fesch, qui avait dirigé toutes ces négociations comme ambassadeur de France à Rome, avec un zèle « avunculaire, » mais qui avait dû s'arrêter en route. A Turin arriva aussi la députation que l'Empereur envoyait pour faire honneur au Pape; elle se composait du cardinal Cambacérès, archevêque de Rouen, du sénateur Aboville, du préfet du palais Salmatoris. Pour la traversée du mont Cenis, Pie VII quitta son carrosse et prit une chaise à porteurs.

Le cardinal légat Caprara avait adressé, au sujet du voyage de Pie VII, une lettre aux archevêques et évêques de France.

« Il est d'usage, disait-il, lorsque les Souverains Pontifes entreprennent de longs voyages, d'ordonner des prières publiques, principalement dans les lieux où ils vont. Rien ne peut être plus agréable à Sa Sainteté que de recevoir en cette circonstance, de la part du peuple français, ce témoignage public de sa vénération et de son amour pour elle. J'ai donc jugé d'autant plus convenable de vous transmettre la formule des prières usitées à Rome, en pareille occasion, qu'il en résultera, dans toutes les églises de France, la plus entière conformité. »

Parmi les prières *pro Summo Pontifice itinerante*, on citera seulement cette antienne :

In viam pacis et prosperitatis dirigat Summum Pontificem Pium omnipotens et misericors Dominus; et Angelus Raphael eum comitetur in via, ut cum pace, salute et graudio revertatur ad propria.

De nombreux mandements parurent à cette occasion.
Le cardinal de Belloy, archevêque de Paris, parlant de
la cérémonie qui se préparait, l'appelait « l'inauguration
du bonheur national. » Le mandement de l'évêque d'Or-
léans est l'un des plus développés; Bernier, qui occupait
alors le siège de saint Aignan, était l'ancien curé de
Saint-Laud, à Angers, dont le rôle avait été si actif tour
à tour dans la guerre de Vendée et dans les négociations
du Concordat.

« Le Saint Père, disait-il, va donner à la France un nouveau gage de son affection paternelle et de son dévouement. Il
abandonne et Rome et ses Etats dans une saison pénible et ri-
goureuse pour venir au milieu des Français jouir du spectacle
de leur réunion et des heureux fruits de sa tendre charité pour
eux. Il vient bénir au nom du Ciel un peuple renaissant à la
piété, à la religion de ses pères; il vient le consoler par sa présence, l'animer par son zèle, l'encourager par ses exemples et lui
montrer, dans la personne du successeur de Pierre, les vertus
éminentes du premier des Pasteurs.

« Nouveau Melchisédech, il vient offrir à l'Eternel le sacri-
fice de la nouvelle alliance, en présence du héros qui, comme
Abraham, a triomphé de ses ennemis. Il vient, par l'onction
sainte, imprimer sur son front le sceau royal de la puissance et
dire à tous les Français : « Obéissez et vénérez l'Oint du Sei-
« gneur dans la personne de celui que la Providence, vos vœux
« et ses victoires vous ont donné pour chef. *Subditi estote.* Vous
« n'avez rien à craindre de l'autorité qu'il exerce : il la dé-
« ploiera toute entière contre les coupables; mais pour vous,
« l'autorité souveraine sera, dans ses mains, celle d'un père;
« l'amour et la bonté en dicteront et régleront les actes. *Dei*
« *enim tibi minister est in bonum.* »

« Quelle heureuse époque pour nous, N. T. C. F.! Qu'elle

est consolante et glorieuse aux yeux de la Religion!... La marche triomphante de Pie VII au milieu de l'Italie et de la France va montrer à l'Europe que Napoléon I⁰ʳ sait, comme Charlemagne, faire respecter la Foi, le Siège de Pierre, l'Eglise et son chef. »

⁂

Le passage du Saint Père à travers la France eut le caractère d'une pompe triomphale. Il était reçu à l'entrée des départements par le préfet, des détachements de la gendarmerie et des gardes nationales, à l'entrée des arrondissements par le sous-préfet; à l'entrée des communes par le maire, les adjoints, le conseil muinicipal; un détachement de cavalerie lui formait une escorte ininterrompue. Les étapes furent Chambéry (17 novembre), Pont de Beauvoisin, Lyon (19-21), Tarare, Roanne, Moulins, Cosne (1), Montargis, Nemours, Fontainebleau (25-28), Paris, où il arrive le mercredi 28 novembre, à la fin de la journée, dans la même voiture que l'Empereur. Les appartements du pavillon de Flore aux Tuileries, où il descendit, avaient été meublés comme au Quirinal. M. de Viry, chambellan de l'Empereur, M. de Luçay, premier préfet du palais, M. Durosnel, écuyer cavalcadour, faisaient auprès du Pape le service de chambellan, de préfet et d'écuyer.

A Fontainebleau, Pie VII avait déjà reçu les ministres, les conseillers d'Etat présidents de section, les

---

(1) Une inscription dans la salle à manger de l'hôtel du Grand Cerf rappelle le passage de Pie VII dans cet hôtel.

maréchaux. Au pavillon de Flore, ce fut pendant plusieurs jours un défilé de députations. Le 30 novembre, François (de Neufchâteau) vint saluer le Pape au nom du Sénat :

« Très Saint Père, le sacre des princes chrétiens a commencé dans notre Europe par les monarques de la France, à l'imitation de l'usage suivi jadis chez les Hébreux... Napoléon, par sa sagesse, répare toutes nos ruines, et Pie VII répond à ses vœux par l'inspiration de ce Dieu dont il est l'organe. Intelligence précieuse du trône et de l'autel, qui a rapproché les rivages de la Seine et du Tibre, et à laquelle on doit le bonheur de voir à Paris le père commun des fidèles. »

Aux sénateurs succédèrent les conseillers d'Etat, que présenta Regnault de Saint-Jean-d'Angély, président de la section de l'Intérieur; puis les membres du Corps législatif, avec leur président, M. de Fontanes.

« Ce n'est plus le temps, dit Fontanes, où le sacerdoce et l'empire étaient rivaux. Tous les deux se donnent la main pour repousser les doctrines funestes qui ont menacé l'Europe d'une subversion totale. Puissent-elles céder pour jamais à la double influence de la religion et de la politique réunies! Ce vœu sans doute ne sera point trompé : jamais en France la politique n'eut tant de génie; et jamais le trône pontifical n'offrit au monde chrétien un modèle plus respectable et plus touchant. »

A son tour, Fabre (de l'Aude), président du Tribunal, présenta dix-huit de ses collègues.

Interrompues pendant deux jours, les réceptions officielles du Saint-Père reprirent, dès le lendemain même de la cérémonie de Notre-Dame, le lundi 3 décembre. Ce jour-là, une députation de la cour de Cassation vint saluer le Saint-Père. Muraire, le premier président, rappela la cérémonie de la veille :

« Napoléon très glorieux et très auguste Empereur des Français, au pied des autels qu'il a relevés, environné de toute la solennité, de toute la pompe du culte qu'il a rétabli, recevant l'onction sainte des mains du Souverain Pontife; Dieu lui-même intervenant, par votre entremise, pour ratifier et sanctionner le libre choix de la nation qui lui a décerné l'Empire : quel tableau et quel rapprochement! »

Le 6 décembre, le premier président Séguier, à la tête de la cour d'Appel, vint complimenter Sa Sainteté. Le 12, les préfets, sous-préfets, les présidents des conseils de département, de canton, et les autres fonctionnaires publics, appelés pour assister à la cérémonie du sacre, se rendirent dans la grande galerie du Louvre; groupés en provinces ecclésiastiques, ils furent admis à l'audience du Saint-Père, diocèse par diocèse.

Des réceptions furent aussi réservées aux membres du clergé. L'une des plus nombreuses fut celle du clergé de Paris, le 4 décembre. En tête venait l'ancien évêque de Marseille, devenu en 1802 archevêque de Paris, le cardinal Jean-Baptiste de Belloy, qui était alors dans sa 96e année.

« Il pouvait dire en quelque sorte, comme le patriarche Siméon, qu'il verrait désormais avec joie terminer sa longue carrière, puisque le Seigneur l'avait assez prolongée pour voir encore l'Eglise de France rétablie, et le digne chef de toutes les Eglises venir, par sa présence et ses bénédictions, nous témoigner lui-même les consolations dont son âme jouissait. »

✣

Le dimanche 23 décembre, Pie VII commença la visite des églises de Paris par l'église de Saint-Sulpice ; après y avoir célébré la messe, au milieu d'un concours extraordinaire de fidèles, il alla visiter la maison-mère des filles de Saint-Vincent de Paul.

Le jour de Noël, Notre-Dame ; le 27 décembre, Saint-Thomas d'Aquin ; le 29, Saint-Eustache ; le 30, Saint-Roch ; le 1ᵉʳ janvier, l'église de l'Assomption ; le 3, la cathédrale de Versailles ; le 12, Saint-Etienne du Mont, avec la visite de la chapelle de Sainte-Geneviève ; le 10 février, Sainte-Marguerite, au faubourg Saint-Antoine ; le 17, Saint-Germain-l'Auxerrois ; le 21, Saint-Nicolas ; le 24, Saint-Merry ; le 3 mars, Saint-Germains des Prés, où il consacra la première pierre de la nouvelle chapelle de la Vierge ; le 7, Saint-Laurent ; le 10, Saint-Louis en l'île : le Saint-Père pouvait dire aux cardinaux, lors de son retour à Rome : *Omnes Lutetiæ parœcias invisimus*, « Nous avons visité toutes les paroisses de Paris. »

Le 1ᵉʳ février, dans la grande salle de l'archevêché, le Pape tint un consistoire public ; il imposa le chapeau rouge au cardinal de Belloy, qui reçut le titre de Saint-Jean-Porte-Latine, et au cardinal Cambacérès, qui reçut le titre de Saint-Etienne *in monte Cœlio*. Le jour de la Purification, il sacra, dans l'Eglise de Saint-Sulpice, les deux nouveaux évêques de la Rochelle et de Poitiers ;

celui-ci est Dominique de Pradt, « l'aumônier du dieu Mars, » le futur archevêque de Malines.

Les quatre mois que Pie VII passa à Paris furent occupés aussi par de nombreuses visites, en dehors des visites aux églises. Les Invalides ; le Louvre ; le Muséum d'histoire naturelle, où il fut harangué en latin par Fourcroy, le directeur ; l'hôtel des Monnaies, où Denon fit frapper en sa présence une médaille en or avec cette légende : *Pius VII, P. M., hospes Napoleonis Im.;* l'Hôtel-Dieu ; la Bibliothèque impériale ; l'Ecole des Mines ; l'Imprimerie impériale ; le bureau des Longitudes, où Lalande lui présenta la *Connaissance des Temps;* la manufacture des Gobelins ; la manufacture de glaces du faubourg Saint-Antoine ; la manufacture des porcelaines de Sèvres ; le Conservatoire des arts et métiers ; l'Institution des Sourds-Muets ; l'hospice des Quinze-Vingts : le Saint Père visita tous les édifices que l'art, la science, la charité rendaient célèbres à titres divers.

La visite du Pape à l'Imprimerie impériale, le 31 janvier 1805, rappelle un événement mémorable dans les annales de la typographie. Dans les ateliers et les galeries de cet établissement, le directeur général Marcel avait fait disposer cent cinquante presses ; à mesure que Pie VII passait devant une presse, on tirait une feuille. C'était le texte de l'Oraison dominicale, reproduit en 150 langues : 46 langues de l'Asie, 73 de l'Europe, 12 de l'Afrique, 19 de l'Amérique. Le titre de cet ouvrage, chef-d'œuvre unique d'impression, est :

Oratio dominica CL *linguis versa et propriis cujusque linguæ characteribus plerumque expressa* (1).

En tête, cette dédicace :

Summo et sanctissimo Pontifici Pio Septimo typographiæ imperiale museum invisenti die XXXI *januarii mensis anni* MDCCCV *hocce specimen polyglotticum devovet, dedicat atque consecrat humillimus in Christo servus J. J. Marcel typographœü imperialis administer generalis.*

Sur le verso de la feuille 150, cette inscription :

Hoc opus polyglotticum coram Supremo Pontifice impressum est.

*_**

Les *Mémoires* attribués au cardinal Consalvi parlent des « humiliations dont Pie VII fut abreuvé pendant tout le temps de ce douloureux séjour. » A dire vrai, on ne voit rien de semblable; ou plutôt, on voit tout le contraire. Artaud, dans son *Histoire du pape Pie VII*, rapporte qu'un grand officier de la Cour impériale, dont il tait le nom, vint un jour parler au Pape d'habiter Avignon ou Paris. Pie VII aurait répondu qu'il avait tout prévu; il avait déposé à l'avance son abdication entre les mains du cardinal Pignatelli. « Et, quand on aura signifié les projets qu'on médite, il ne vous restera plus entre les mains qu'un moine misérable, qui s'appellera Barnabé Chiaramonti. » Theiner, le savant auteur de l'*Histoire des deux Concordats*, très bien informé en

(1) *Edente J.-J. Marcel typograpœii imperialis administro generali Parisiis, typis imperialibus. Anno repar. sal.* 1805, *Imperiique Napoleonis primo.* — Bibliothèque nationale : Inventaire A 2636, Réserve.

sa qualité de préfet des Archives du Vatican, a montré toute l'invraisemblance et l'absurdité de cette anecdote.

Plusieurs affaires politiques furent traitées, pendant ce séjour, entre le Pape et l'Empereur; elles ne le furent pas toujours suivant les désirs du Pape, elles le furent toujours avec une parfaite correction. Pie VII fit remettre à l'Empereur un mémoire où il demandait la restitution des domaines enlevés au Saint-Siège, la Romagne, le Bolonais, le Ferrarais. Napoléon répondit (11 mars 1805) qu'il n'avait point eu part à ces événements, qui étaient antérieurs à son élévation au trône; il était engagé par les lois fondamentales de l'Etat et par le serment qu'il avait prêté. Cependant, il chargea Talleyrand d'ajouter ces lignes :

« Si Dieu nous accorde la durée de la vie commune des hommes, nous espérons trouver des circonstances où il nous sera permis de consolider et d'étendre le domaine du Saint-Père. »

Le dimanche 24 mars, à Saint-Cloud, le Pape célébra le baptême du second fils de Louis Bonaparte et de Hortense de Beauharnais, né le 11 décembre 1804. Les parrain et marraine furent l'Empereur et la mère de l'Empereur. La cérémonie se fit devant neuf cardinaux, quinze archevêques et évêques. Le Pape donna à l'enfant les noms de Napoléon-Louis.

*
**

Le départ de Pie VII de Paris eut lieu le 4 avril, toujours au milieu de ces démonstrations de piété et d'enthousiasme qui avaient valu à Fouché cette réponse du Pape : « Béni soit le Ciel ! Nous avons traversé la France au milieu d'un peuple à genoux. Que nous étions loin de la croire dans cet état ! »

Le Pape regagna Lyon par Fontainebleau, Troyes, Chalon-sur-Saône. Il séjourna dans cette dernière ville du mardi saint au lundi de Pâques. Au moment de repartir pour Lyon, il lui fut comme impossible de traverser la foule; une jeune fille s'était précipitée à terre pour baiser ses pieds, les gendarmes lui baisaient les mains; il ne pouvait plus faire un pas.

Du 17 au 19 avril, arrêt à Lyon. A Turin, le 24 avril, Pie VII revit Napoléon, qui se rendait à Milan pour son couronnement, comme roi d'Italie; il lui recommanda encore avec instance les affaires ecclésiastiques de France et d'Italie. Le 16 mai, dans l'après-midi, il arrivait à Saint-Pierre; les rues de Rome et la basilique étaient remplies par la foule. Pie VII assista au chant du *Te Deum;* puis il se retira dans sa demeure ordinaire, au palais de Monte-Cavallo ou du Quirinal.

Six semaines après son retour triomphal, le 26 juin 1805, le Pape tenait un consistoire secret, dans lequel il adressait aux cardinaux une longue allocution :

« De même que nous vous avons fait connaître notre dessein de faire ce voyage pour décorer des marques de la dignité impériale notre très cher fils en Jésus-Christ, Napoléon; de même, nous tenons à vous exposer, sans aucun retard, les fruits salutaires qu'avec le secours de Dieu nous avons recueillis de ce même voyage. »

Parmi ces résultats, Pie VII signalait le retour de quelques évêques à l'unité catholique, le rétablissement officiel en France des prêtres de la Mission, des filles de la Charité, de la Société des Missions étrangères. Il louait l'ardente piété des peuples de France, les qualités du clergé français. Il rappelait les entretiens qu'il avait eus avec Napoléon.

« Ces fruits que nous avons recueillis de nos entretiens avec ce grand prince nous garantissent l'effet des autres demandes que nous lui avons faites et que nous attendons de sa religion. »

Quatre ans plus tard, dans la nuit du 5 au 6 juillet 1809, le général de gendarmerie Radet, sur l'ordre qu'il avait reçu, faisait enfoncer à coups de crosses les portes du Quirinal. « Que me voulez-vous ? dit le Pape. Et pourquoi venez-vous à cette heure troubler ainsi mon repos et ma demeure ? » Radet répondit qu'il avait l'ordre de l'arrêter incontinent. A quatre heures du matin, il ressortait du Quirinal avec le Pape et le cardinal Pacca. Sur la place de Monte-Cavallo, les troupes françaises étaient rangées en bataille. Les deux prisonniers montèrent dans une voiture, qu'escortaient des pelotons de gendarmes.

G. Lacour-Gayet,

de l'Académie des Sciences morales et politiques.